AF279261

Noelia Sánchez Martínez

APULEYO EDICIONES   FOMENTO DE VALORES   CUENTOS ILUSTRADOS

Oli quiere bailar

APULEYO EDICIONES · FOMENTO DE VALORES · CUENTOS ILUSTRADOS

*A mi sobrina **Astrid**,
para que siempre baile al son de la vida.*

Había una vez una joven elefanta llamada OLI.

A OLI le gustaba mucho estudiar,
pero su gran pasión era... ¡bailar!

OLI quería ser... ¡bailarina de danza clásica!

OLI bailaba a todas horas.

Bailaba en casa,
bailaba en la calle,
bailaba en el colegio,
bailaba en el parque,
bailaba en el súper...

Se pasaba el día bailando,
y por la noche, en sus sueños...
¡seguía bailando!

Una mañana al salir de casa, se encontró con su vecina, una ratita muy coqueta y presumida que se llamaba TIQUIS MIQUIS.

Mientras peinaba sus lindos bigotes,
esta le preguntó:

—OLI, ¿por qué siempre
estás bailando?
Y OLI, con mucho entusiasmo, exclamó:

—¡Porque yo quiero ser bailarina!
¡Bailarina de danza clásica!

TIQUIS, muy sorprendida, le dijo:

—Pero, OLI, ¡tú no puedes ser bailarina!
Mira tus pezuñas, no podrás ponerte de puntillas.
Mira tu barrigota, no podrás ponerte un tutú.
Mira tus orejas, te taparán y no podrás ver nada.
Y... ¡mira tu trompa! Con esa trompa te 'trompezarás' todo el rato...

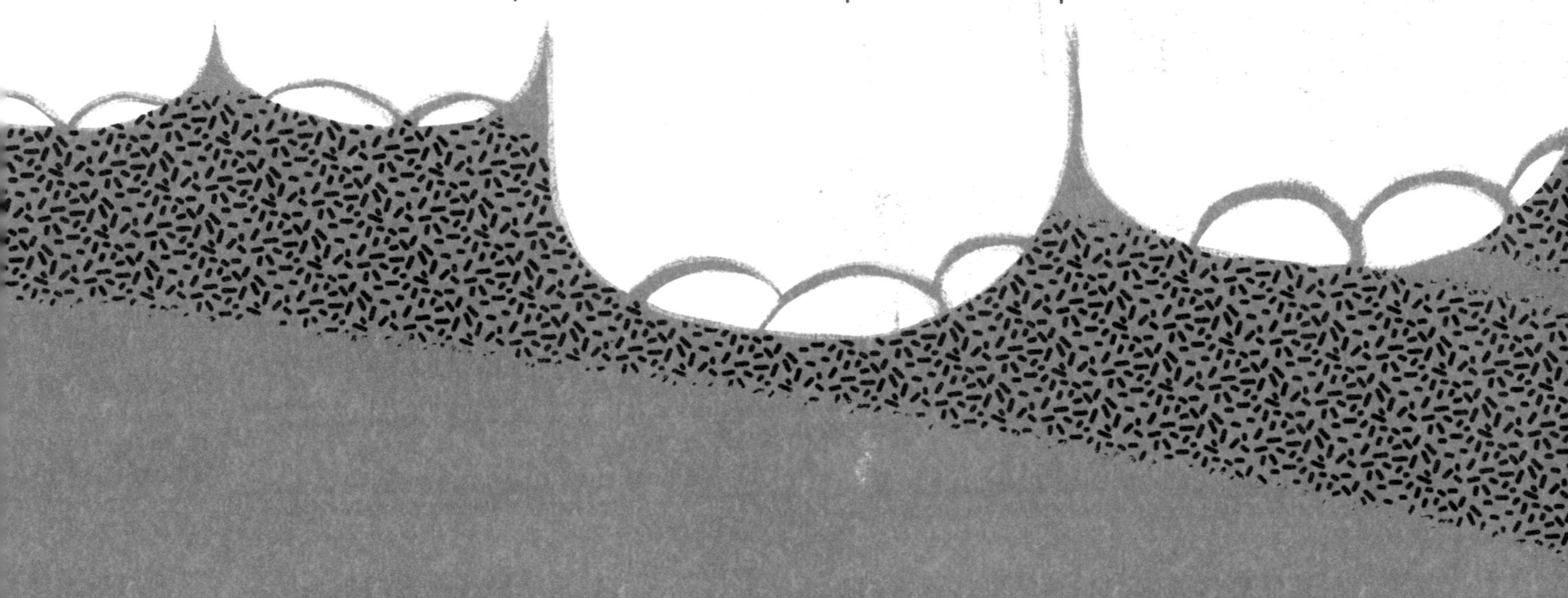

OLI se quedó parada un instante, se observó de arriba abajo y pensó:

"Quizá TIQUIS tenga razón. No voy a poder ser bailarina".

Y se puso tan triste, tan triste, tan triste que esa misma mañana OLI dejó de bailar. Por primera vez, después de mucho tiempo, fue al colegio caminando.

Allí le esperaba su mejor amigo, LOLO CARACOLO,
un caracol muy alegre y divertido.

—OLI, ¿por qué hoy no vienes bailando como todos los días?
—preguntó extrañado.

OLI, cabizbaja, respondió:

—Pues... porque no podré ser bailarina.
¡Mira mis pezuñas, no podré ponerme de puntillas!
¡Mira mi barrigota, no podré ponerme un tutú!
¡Mira mis orejas, me taparán y no podré ver nada!
¡¡Y mira mi trompa!! Me 'trompezaré' todo el rato...

LOLO, muy indignado, le dijo:

—Pero bueno, ¡menuda tontería!

—No es una tontería, LOLO.
Todos se van a reír de mí cuando
me líe con la trompa.

LOLO, sin saber qué decir y pensando
muy rápido, exclamó:

—¡Tengo la solución perfecta!

Enganchó a OLI por la mochila y la llevó corriendo a la escuela de danza de la profesora ODETTE, una señora cisne muy elegante y distinguida.

—¡Hola, ODETTE! Necesito que
me ayudes con mi amiga OLI.
—¡Oh! Tú eres la elefanta que va a
todos los sitios bailando, ¿verdad?

OLI, muy tímida, balbuceó:

—Sí... bueno... pero ya no voy a bailar más.
Mira mis pezuñas, no podré ponerme de puntillas.
Mira mi barrigota, no podré ponerme un tutú.
Mira mis...

ODETTE le interrumpió tapando su boca con su pata de cisne, levantó su trompa con el bastón, miró fijamente a sus ojos y le susurró:

—¡Shhhh! Sígueme y repite mis pasos.

La música clásica comenzó a sonar, ODETTE marcaba los pasos y OLI iba detrás, aunque un poco tímida.

Empezó a seguir sus movimientos.

Poco a poco se fue dejando llevar.

Su cara comenzó a dibujar una brillante sonrisa,
su trompa se movía al son de la música y su cuerpo
se convirtió en una explosión de ritmo y alegría.

¡OLI era tremendamente feliz!

—¿Cómo te sientes, OLI?

—¡Me siento genial, ODETTE! ¡No puedo quitar la sonrisa de mi cara y mi cuerpo está lleno de energía! ¡Me siento muy bien!

—OLI, te voy a dar un consejo de cisne a elefanta: nunca dejes de hacer aquello que te gusta y te haga sentir así. ¡Si tú bailas para ti, nosotros bailamos contigo!

—¡Eso! Y no le hagas caso a nadie que te diga que tú no puedes bailar, ¿entendido?
—dijo LOLO, tirándole de su pequeña orejota.

Y así fue como OLI comenzó a tomar clases con
ODETTE todos los días.

Aprendió a modular sus orejas, a manejar su trompa,
a controlar sus pezuñas y a tejer un precioso tutú
que rodeara su grande y bonita barriga.

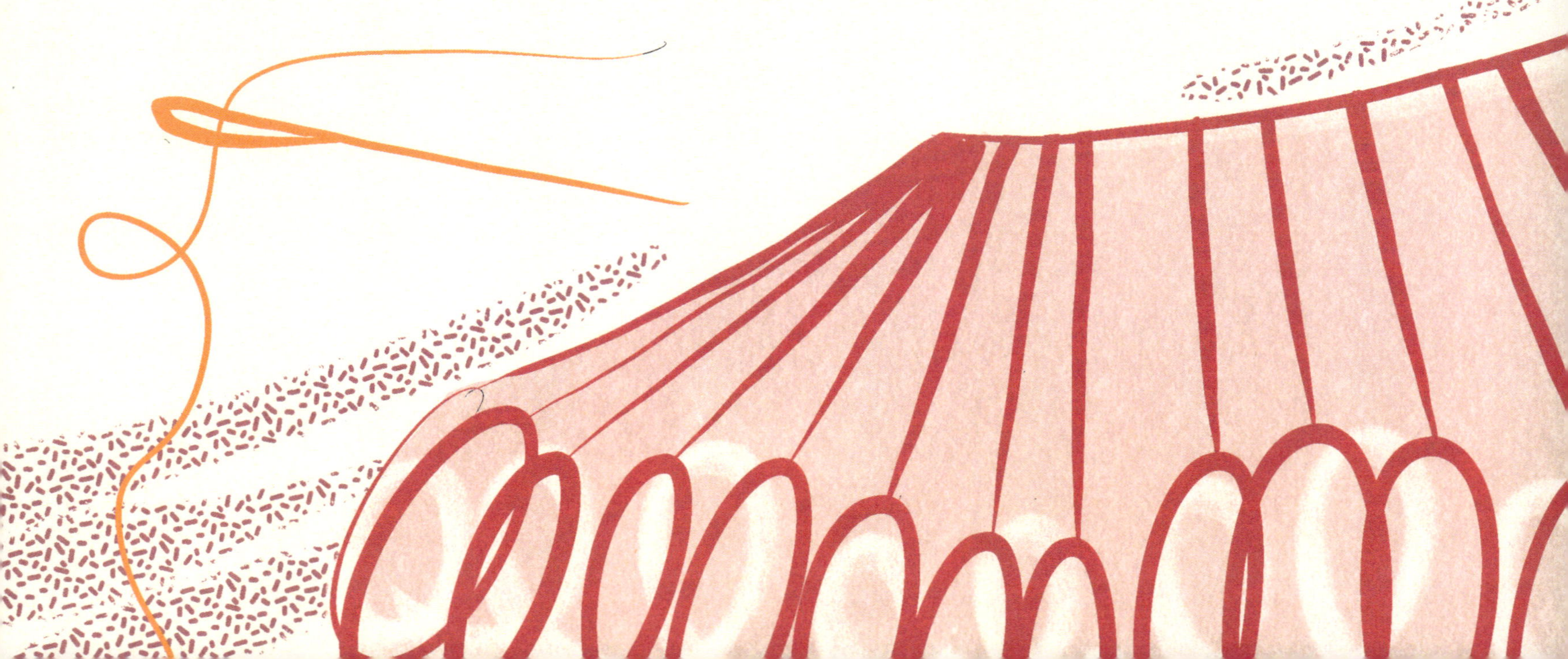

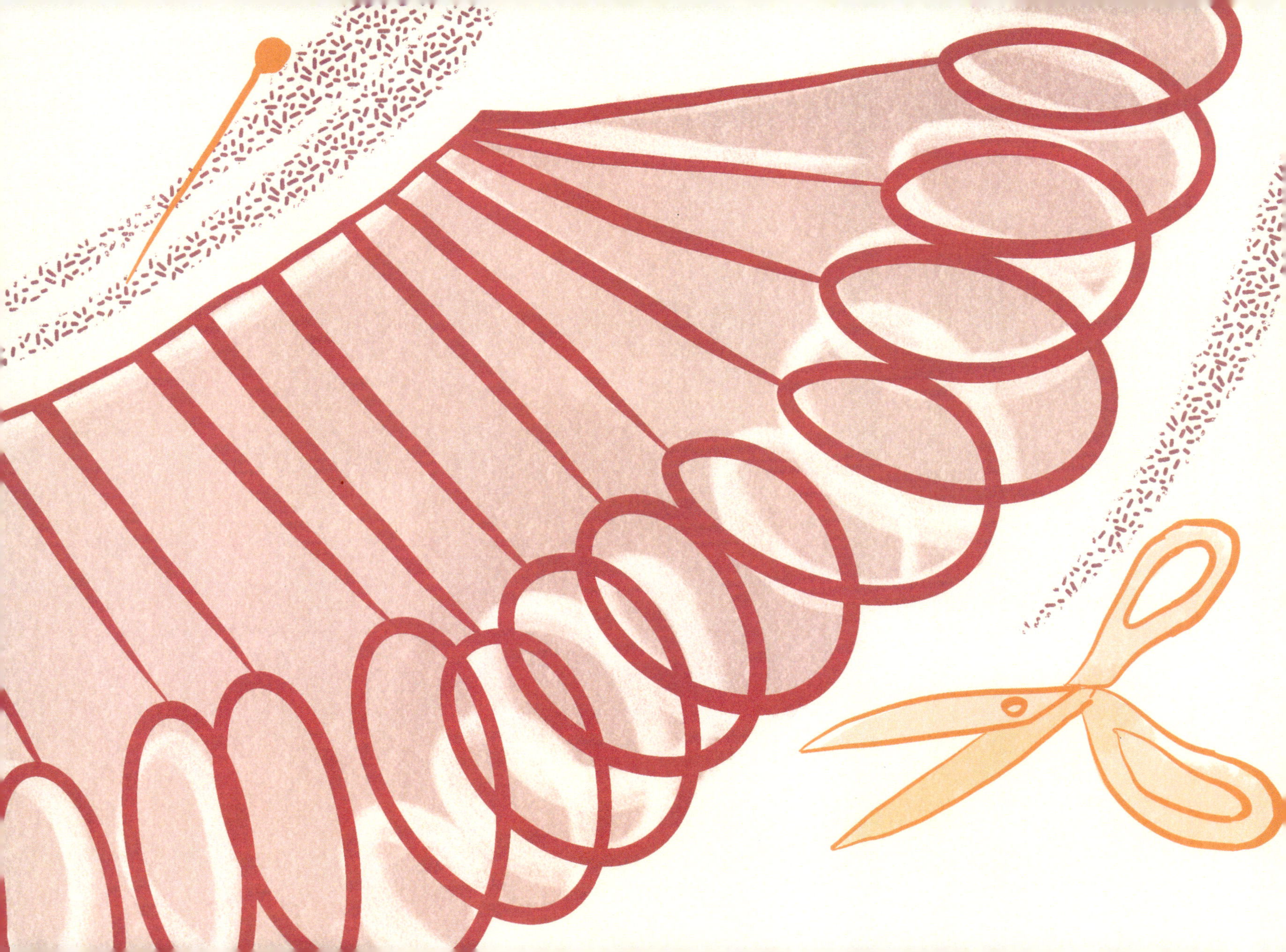

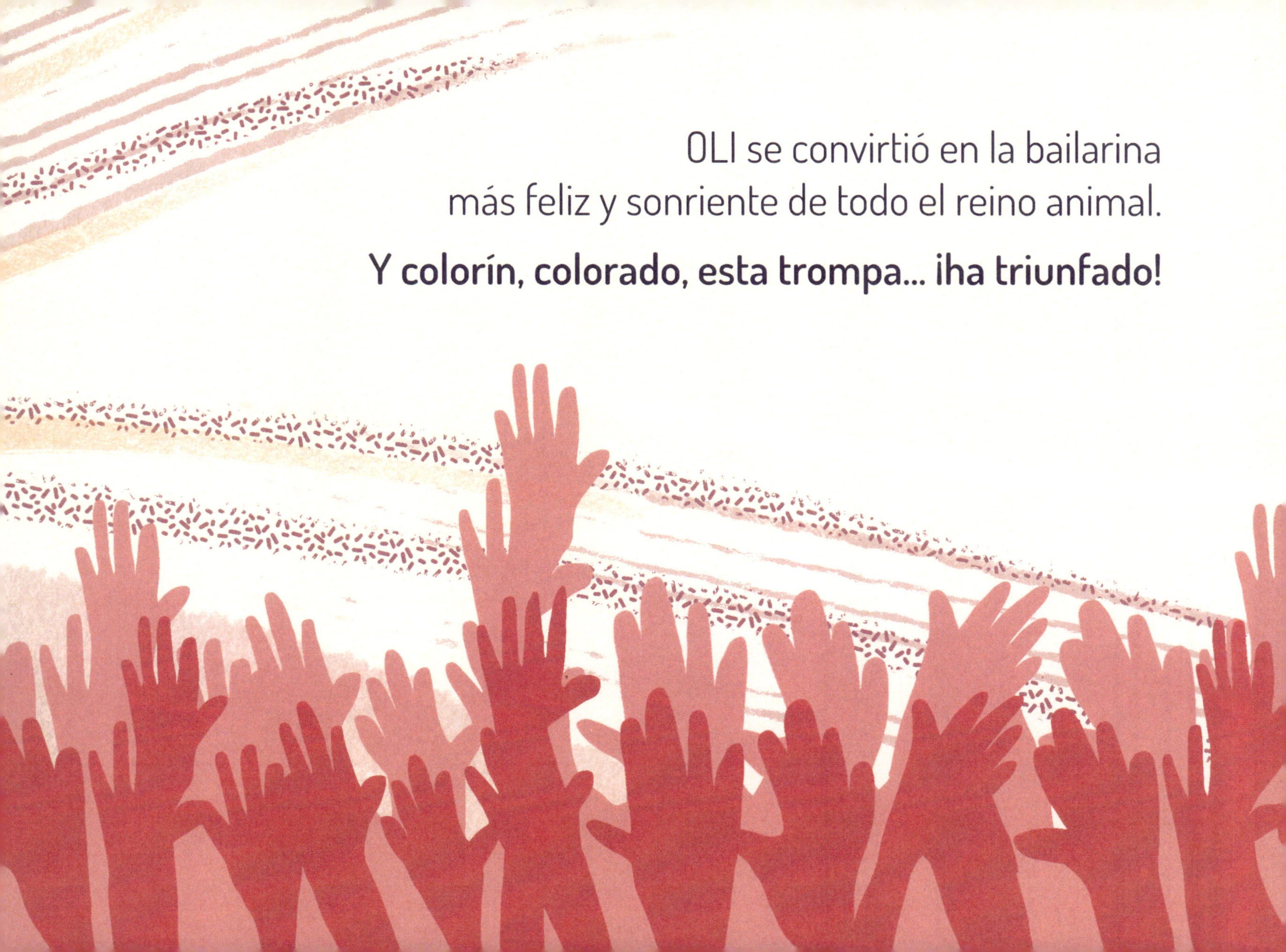

OLI se convirtió en la bailarina
más feliz y sonriente de todo el reino animal.

Y colorín, colorado, esta trompa... ¡ha triunfado!

© Noelia Sánchez Martínez (de la obra)
©Apuleyo Ediciones (de esta edición)
Primera edición en Apuleyo Ediciones: marzo 2024
Diseño de cubierta: Sofía Corzo González
Corrección: Lorena Maestre Gregori
Maquetación: Domingo Carrasco Martín
Ilustraciones: Mercedes Irastorza
Coordinación editorial: Isidoro Cidre González
info@apuleyoediciones.com
www.apuleyoediciones.com
ISBN: 978-84-1060-004-1
Depósito legal: H 668-2023

Hecho e impreso en España.